中國歷史大冒險 ⑦

三國爭霸

方舒眉　著

馬星原　繪

新雅文化事業有限公司
www.sunya.com.hk

目錄

序 ⋯⋯⋯⋯⋯⋯⋯⋯⋯⋯⋯⋯⋯⋯⋯⋯⋯⋯ P.3

登場人物 ⋯⋯⋯⋯⋯⋯⋯⋯⋯⋯⋯⋯⋯⋯⋯ P.4

時代簡介 ⋯⋯⋯⋯⋯⋯⋯⋯⋯⋯⋯⋯⋯⋯⋯ P.6

第四十二回 董卓之亂 ⋯⋯⋯⋯⋯⋯⋯⋯ P.8

第四十三回 三顧草廬 ⋯⋯⋯⋯⋯⋯⋯ P.34

第四十四回 赤壁之戰 ⋯⋯⋯⋯⋯⋯⋯ P.62

第四十五回 水淹七軍 ⋯⋯⋯⋯⋯⋯⋯ P.84

第四十六回 七步成詩 ⋯⋯⋯⋯⋯⋯ P.106

第四十七回 樂不思蜀 ⋯⋯⋯⋯⋯⋯ P.128

重點大事 ⋯⋯⋯⋯⋯⋯⋯⋯⋯⋯⋯⋯⋯ P.158

每回附有：歷史文化知多點

呂布與貂蟬　　　　　 P.32　　好學不倦的呂蒙　　　 P.104

諸葛亮與鵝毛扇的故事　 P.60　　曹植與《洛神賦》　　 P.126

關公崇拜　　　　　　　 P.82　　馬謖的功過　　　　　 P.154

序

輕輕鬆鬆 閱讀歷史！

　　中華民族是一個古老的民族；中國歷史上下五千年，堪稱源遠流長。整部民族的歷史，是我們集體的過去，是我們祖先的奮鬥歷程，是我們所以有今天的因果。鑑古知今，繼往開來，不認識自己的民族歷史，猶如無根的植物，是不行的。

　　讀歷史，要有方法。以漫畫作媒介，以圖像說故事，可以輕輕鬆鬆地閱讀歷史。只要小孩子主動地拿起來看，他就會認識了盤古初開、三皇五帝、夏商周以至唐宋元明清……雖然只是一個梗概，但心中埋下了種子，以後不會對歷史課感到枯燥乏味，這就是我們的目的了。

　　本系列前稱《歷史大冒險》（中國篇），自 2008 年出版以來，一直深受孩子喜愛。如今重新出版，並豐富其內容：在漫畫底部增設「世界歷史透視」時間線和「中外神話／歷史大比照」，讓孩子通過比較中西方發展，以更宏觀的角度學習歷史；每個章回後亦設有「歷史文化知多點」，介紹相關朝代的知識，並設有「想一想」的開放式問題，以培養孩子的獨立思考。希望孩子在輕鬆看漫畫之餘，也能得到更充實的歷史知識。祝各位讀者享受這次歷史之旅！

方舒眉

登場人物

Q小子

活潑精靈，穿起戰衣後戰鬥力強。

A博士

歷史知識廣博，發明了「中國歷史大冒險」的時光網絡。

神龜

本來是遠古海龜，現與Q小子和A博士一起穿梭古代。

張角

創立太平道，發動黃巾之亂，自稱「天公將軍」。

董卓

東漢將領，立漢獻帝以控制朝政，後被其義子呂布所殺。

曹操

字孟德，東漢末年任
丞相，挾天子以令諸
侯，不斷擴張勢力。

劉備

字玄德，漢朝宗室，得
關羽、張飛、諸葛亮
等人輔助，建立蜀漢。

關羽

字雲長，劉備手下的大
將，驍勇善戰，但於
樊城之戰中兵敗被殺。

諸葛亮

字孔明，蜀漢丞相，
足智多謀，曾說服孫
權合力抗曹操。

孫權

字仲謀，得周瑜、魯
肅等人輔助，割據江
東，建立吳國。

華佗

中國古代名醫，發明
麻沸散以進行外科手
術，後被曹操所殺。

曹丕

曹操之子，廢漢獻帝，
自立為帝，改國號魏，
建都洛陽。

劉禪

蜀漢後主，劉備之子，
三國時代在位最長的君
主，後投降於魏國。

司馬昭

魏國重臣，把持朝政，
其子司馬炎篡魏，建立
西晉。

時代簡介

　　東漢末年朝政腐敗，百姓苦不堪言，引發了黃巾之亂。雖然叛亂逐漸平息，但及後董卓亂政，朝廷威信盡失，地方勢力各據一方。其中曹操擁立漢獻帝，並擊敗袁紹等多股勢力，成功掌控北方；赤壁之戰後，孫權立足於江東，劉備亦佔據荊州和益州，形成天下三分的局面。

　　公元 220 年曹操死後，其子曹丕逼漢獻帝讓位，改國號「魏」；翌年劉備也以漢室宗親的身分稱帝，仍以「漢」為國號，史稱「蜀漢」；孫權遲至公元 229 年正式稱帝，改國號「吳」，至此三國鼎立。其後司馬昭、司馬炎父子逐步消滅魏、蜀、吳，三國時代結束，全國再度統一。

董卓之亂

　　自漢高祖劉邦建立漢朝，經歷二百多
年後，王莽篡位，西漢滅亡。宗室劉秀舉
兵平定叛亂，重建漢朝，是為東漢。

　　劉秀登基為光武帝，在位期間勵精圖
治，人民生活安定，史稱「光武中興」。
後來東漢由盛轉衰，百多年後傳至漢靈
帝，朝政已腐敗到了極點……

太平道張醫師

這位張角醫師妙手回春，真是神醫啊！

更難得的是，他還敬老憐貧，贈衣施藥。

對啊！

張角向世人宣稱自己曾遇上一位仙人，後來創立「太平道」以濟世，因為他懂得治病，因此深受百姓愛戴和支持。

這位張角老兄是什麼來頭？

你照此方吃兩劑藥，就能藥到病除。

謝謝！

但此方只能治標，若想活命，必須先治本！

如何治本？

明天我會開壇講道，你來聽聽就會明白。

是！

仙人指示我為你們治療疾病，但要過好日子還須治本，而治本之道就是推翻無道的漢朝！

蒼天已死，黃天當立，歲在甲子，天下大吉！

張角說的那幾句像詩的說話，是什麼意思？

「蒼天」代表漢朝，「黃天」指新朝代；於「甲子」之年改朝換代，天下就會大吉！

15

史書上只說他們「情同兄弟」，並沒有說他們真的結拜，「桃園結義」的情節其實來自元末明初的小說家羅貫中所創作的《三國演義》。

不過，他們三人一起參軍攻打黃巾軍的事跡，史書倒是有記載。

張角的黃巾軍在起義初期已節節勝利，漢朝壽元將盡……

豈料在這時刻，張角突然身染重病，他在彌留之際，仍勉勵眾人「黃巾不滅，天下大吉」……

但「將軍一去，大樹凋零」，張角死後，黃巾軍羣龍無首，兵敗如山倒……

張梁戰死沙場，張寶被屬下刺殺。短短八個月，「黃巾之亂」就被朝廷平定了。

然而，朝廷為了鎮壓黃巾軍，授予將領大權，使他們能擁兵自重，董卓便是其中一人……

公元 180 年

羅馬「哲學家皇帝」馬可·奧理略逝世

公元 184 年

黃巾之亂開始

公元 189 年

董卓領兵入洛陽

17

你是靈貓
大師?!

閣下就是董卓吧？
本大師特來贈你幾
句……

千里草，何青青，
十日卜，不得生！

看來閣下資質愚鈍，那我就揭開謎底吧！

千里草，合起來是「董」字。

十日卜，就是「卓」字了，即是閣下的尊姓大名！

原來如此！

咦？

那麼「何青青，不得生」，豈非咒我早死嗎?!

猜對了！

停手！

歷史不能更改，自有人殺董卓！

好！饒你狗命，我們走！

嗖——

董卓雖然讀書不多，但很懂計謀，他只帶三千兵馬進洛陽，卻足以令全城文武百官都怕了他。

為什麼？

董卓的兵馬開進洛陽城來了！

董卓表面上是保衞漢室，勤王*而來，其實他充滿野心，欲挾天子以令諸侯。

他當然有妙計，我立即把時間調校到半夜給你看看！

董卓只有三千兵馬而已，實力有限，如何服眾？

* 勤王指當皇室有難時，臣子或將領率兵救援。

22

這就是董卓的軍隊！他們半夜出城，明天又大搖大擺入城，如此重複多次，人人皆以為董卓兵源充足，勢力強大！

咦？有一隊軍隊悄悄地退出城外！

他真是個老奸巨猾！

董卓更利誘一些將領的手下，利用他們來奪權，壯大勢力……

董卓似乎有不少兵馬，很多人都投靠他了……

呂布

丁原

哼！那傢伙善於虛張聲勢，有我丁原鎮守洛陽，絕不容許他胡來！

不僅如此，我還要收你為義子，今後我們共享榮華富貴！

謝謝義父！

董卓不費吹灰之力便接收了丁原的部隊，又得呂布相助，在洛陽隻手遮天。

他更毒殺太后，廢除漢少帝，改立九歲的劉協為漢獻帝，以方便操控。

他生性殘忍，又貪財好色，洛陽城被他弄得天怒人怨，民不聊生……

各方州郡長官忍無可忍，袁紹及曹操等十三路人馬會師，組成二十萬大軍，舉起討伐董卓的大旗，向洛陽挺進……

哼！敵軍人多勢眾，老夫要暫時避一避……

乾脆遷都長安吧！

董卓挾持漢獻帝遷都長安，臨走時將洛陽掠奪一空，最後還一把火燒掉洛陽。

他會遭到報應的，你們猜猜董卓的下場如何？

他真是太可惡了！

我知道！

輪到我貂蟬出場，利用美色引誘董卓和呂布⋯⋯

再挑動呂布為我吃醋，刺殺董卓！

那只是《三國演義》的情節！注意，這書只是小說，並非正史！

史書上也沒有貂蟬這個人的記載。

你不是貂蟬，是「貓蟬」！

刺殺董卓，事實上是朝中大臣王允策劃的。

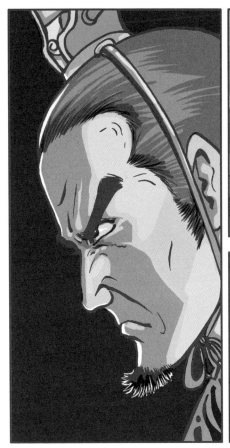

公元 192 年 4 月，漢獻帝在未央宮接見文武百官，董卓乘車入朝……

奉皇上之命，誅殺奸臣董卓！

呂布，快來救我！

來了！

對不起！你義子奉了皇上之命要殺你！

啊！

你……

太血腥了，兒童不宜！

董卓死後，王允和呂布把持朝政，他們風光了一陣子，但很快董卓舊部西涼軍便攻陷長安，呂布敗逃，王允被殺。

一批大臣護送漢獻帝返回洛陽，但卻沒有好好對待他……

我們去看看這位落難皇帝吧！

朕快餓死啦！

啟稟皇上，我們正在挖野菜給你充飢，請稍等一下……

31

呂布與貂蟬

貂蟬是中國古代四大美人之一。在小說《三國演義》中，東漢官員王允利用「連環計」，派貂蟬迷惑董卓和呂布，然後貂蟬再離間二人的關係，促使呂布殺掉董卓。

可是，正史中沒有任何關於貂蟬的記載。《三國志·呂布傳》只有呂布和董卓的侍婢私通的描述，但沒有道明侍婢的身分。而「連環計」一事，雖然《三國志》中記載了王允密謀誅殺董卓，並拉攏呂布為內應，但沒有提及貂蟬參與在內，因此貂蟬很可能只是純屬虛構的小說人物。

呂布驍勇善戰，但最終潦倒收場，被曹操所殺，皆因他言而無信，見利忘義，而且反覆無常，不斷背叛舊主。他先後投靠董卓、袁術、張揚和袁紹，每每以互相猜忌或謀反收場，任其武功高強，最終卻未能成就大事。

想一想

你同意呂布背叛董卓的行為嗎？為了達成目標而拋棄誠信是否恰當？

三顧草廬

你好啊，獻帝！

請你吃塊咖哩牛肉乾吧！

曹操會接你到許都，你快有飯吃了！

多謝靈貓大師指點！

哼！曹操這傢伙有這般好心嗎？

呵呵，皇帝是個寶，他可以挾天子以令諸侯嘛！

曹操求見！

一說曹操，曹操就到！

哈！這句俗語原來是這樣來的嗎？

這還不是見曹操的好時機，我們待會再來找你，再見！

曹操「恭迎」獻帝到許都，以作京城，又掌控朝廷軍政大權，着手消滅各地軍閥。

許都

曹

曹操

嗖

嘶——

行軍主簿！

本將軍的馬匹踏壞了莊稼，請你按軍法將我定罪！

在！

糟了！將軍的馬匹受驚，闖進麥田去了！

這個嘛……

什麼這個那個！按軍法當斬曹操！

萬萬不可！將軍是一軍統帥，豈能定罪？何況那是意外……

* 據《三國志》所載，漢獻帝將寫有密詔的衣帶交給了國舅董承，其後董承找劉備商討誅殺曹操之事。

是有「臥龍」稱號的諸葛亮先生嗎？

若得他出山相助，還愁大事不成嗎？但不知道他是否願意⋯⋯

A博士，我們「為人為到底，送佛送到西」吧！

我們代劉備去一趟隆中吧！若能成功游説孔明出山，我們必定名垂青史呢，呵呵⋯⋯

咯 咯

請問諸葛先生在家嗎？

諸葛亮

幸會幸會！

三位大駕光臨，不知有何指教？

我乃玉面郎君劉備⋯⋯

這是如假包換的關公！

在下正是關公！

是這裏了！

你們找誰？有什麼事？

學生劉備特來拜訪諸葛先生。

諸葛先生一早出門會友，不知去向……

可能是去下圍棋，或是聽戲曲，通常幾天也不會回來！

啪

這位諸葛先生恐怕只是浪得虛名的平庸之輩，所以才一再迴避，沒膽見兄長！

說得對，看來我們又要白跑一趟了！

誰在我門前高聲談話？

在下劉備。

這位兄台是？

我姓烏，是這裏的管家。

我家主人正在午睡，你們在此等候吧！

什麼？午睡？

老子放一把火，看他起不起來！

休得無禮！我們在此靜候好了！

起來！諸葛先生出來了！

抱歉！怠慢了各位，恕罪恕罪！

劉皇叔三顧草廬，想必是有所求？

如今漢室垂危，奸臣當道，但劉某才薄力弱，特來邀請賢能相助……

劉備憑着他的誠意，終於通過了考驗。

換作是張飛和你，如此沒有耐心，一定請不動諸葛亮出山了！

孫權佔據江東，那裏地勢險要，民心歸順，你亦不可與他為敵，宜結為同盟。

曹操擁兵百萬，挾天子以令諸侯，你暫勿與他爭鋒……

劉皇叔若能佔據荊州和益州，對外聯合孫權，對內整頓內政……

待時機成熟，從荊、益兩路夾擊曹操，則功業可成！

諸葛亮比A博士還要長氣呢！

你懂什麼！這便是著名的《隆中對》*！

諸葛亮做了劉備的軍師，之後便有好戲看了！

* 《隆中對》是劉備與諸葛亮首次對話的內容，諸葛亮提議劉備先取荊、益兩州，與孫權合作，最後圖取中原。

49

曹操

將士們！拿下荊州，本將軍重重有賞！

唉，荊州牧劉表此時病逝，他的兒子旋即投降。

之前投奔劉表的劉備堅決不降，帶領軍民南逃……

卻在當陽縣長板坡被曹操追上，劉備大敗……

51

長板坡・當陽橋

張飛老兄！

靈貓大師?！

根據民間傳說，張飛大喝一聲，把橋都震斷了！

這是假的！

但很有戲劇效果啊，張飛老兄不妨試試！

53

厲害！

你們成功阻截了追兵，關羽率領士兵前來，接應你們逃至樊口。

曹操目前勢力強大,敵眾我寡……

聯合孫權才是上策!

孫權剛接替哥哥孫策的位置,不知他有沒有膽量與曹操抗衡?

主公不必擔心,讓我親自去游説他。

孫權

* 木案，即是木製的桌子。

歷史文化知多點

諸葛亮與鵝毛扇的故事

　　不論戲曲、電視劇或章回小說，諸葛亮的形象總是手持鵝毛扇，神態自若地運籌帷幄，但這鵝毛扇究竟是從何而來呢？它的來由眾說紛紜，有說是玉帝所賜，也有說是孫權所贈，但最為人熟悉的故事，則是與諸葛亮的妻子黃氏有關。

　　黃氏是荊州名士黃承彥的女兒，民間流傳其名為月英，別名「阿醜」。她樣貌醜陋，但卻是一位博學多才的姑娘。諸葛亮並不介意其外貌，兩人一見如故，終成佳偶。

　　後來劉備三顧草廬，諸葛亮最終答應出山，遂拜別岳父和妻子。據說黃氏在餞行時，送予諸葛亮一把鵝毛扇，諸葛亮笑言：「鵝毛雖輕卻情意重。」黃氏卻有另一番見解，說：「鵝兒最機警，稍有動靜便知曉，望君能隨身攜帶此扇，不忘機警二字。」因此，不管春夏秋冬，諸葛亮總是扇不離手。鵝毛扇除了印證二人夫妻情深外，更突顯出黃氏的機敏和睿智。

想一想

　　你認為以貌取人的做法恰當嗎？什麼因素會影響你是否跟一個人交朋友？

第四十四回

赤壁之戰

公元208年，曹操親率水師，欲吞併孫權佔據的江東……

曹操

我軍不習慣水戰，未遇敵人已先暈船浪，如何是好？

暈船浪，有對策。
鐵連鎖，船連環。

鋪木板，如平地，海上城堡無敵手！

如斯巨浪，怎會有人垂釣？

對了！一定是老夫受命於天，特有神仙來為我指點迷津！

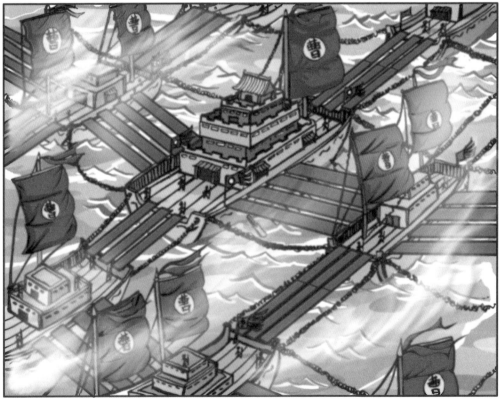

諸葛兄，曹兵結成連環船之陣，我的部將黃蓋提議用火攻，你意下如何？

周瑜

好主意！

但是，冬天吹的都是西北風……

如果風向不對，反而燒到自己！

他裝模作樣，
你們別當真。

其實我發放了一枚
天氣衞星收集數
據，已知數天後會
轉吹東南風……

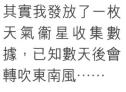

好！靈貓大
師，我立即
回去部署！

什麼是天
氣衞星？

怎麼沒
人看我
作法？

太沒禮
貌了！

數日後……

啟稟丞相，孫、劉陣營的黃蓋將軍率部來降！

這會不會是陰謀？

我方混在敵營的間諜回報，黃蓋因主張投降而被周瑜打了一頓板子！

哈哈！那麼他是真的來降了！

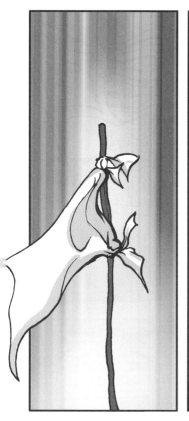

歡迎棄暗投明！呵呵！

接近曹軍了……

黃蓋

點火！

熊

棄船！下水游回大營！

黃蓋那十多隻盛滿柴草的小船澆了油，順着風吐着火舌撞向敵陣，曹操的連環船迅即陷入火海……

中外歷史大比照 ▶ 東羅馬帝國利用「希臘火」這種武器，噴射出火焰燒毀敵方船隻，在公元7至8世紀多次擊敗阿拉伯人的海軍艦隊。

經過赤壁一戰，曹軍船隻幾乎全數燒毀，輕敵的曹操敗退北回。孫權穩固了江東地位，劉備則趁機佔據荊州，自此三國鼎立之局大定。

赤壁

赤壁之戰的火燒連環船，讓曹操元氣大傷，他只好退回許都……

主公！
不……
不好了！

小公子病危，恐怕……

愛兒！你怎麼了？別嚇為父啊！

去呀！你還待在這裏幹什麼?!

主公，這個……

華佗！快召華佗過來診治！

關於華佗……主公你忘記了嗎？

73

咕嚕

肚子痛！

你跟着這病人去看看吧。

嘩！我瀉下了一條大蚵蟲！華佗真是神醫啊！

華佗真可惡！竟然交給我這樣一件臭差事！

華佗是譙縣人。東漢末年期間，天下大亂，
疫病流行，華佗遍遊各地行醫，救人無數。

曹操因受頭痛之
疾困擾，也請華佗來
治理……

真的可以嗎？
這是腦袋呀！

放心，我自
有分數！

真神奇！頭痛治好了！

不！這只能治標，如
要治本，必須鋸開頭
顱徹底治療……

我調製的麻沸散是很好的麻醉藥，喝了就能短暫感覺不到痛楚。

胡説八道，鋸開頭顱豈能活命！你是來謀害我的！

唉oooooo

中外歷史
大比照

蓋倫（129 年－200 年）是古羅馬的著名醫學家，
他的醫學理論影響歐洲至 17 世紀中期。

天呀！

我想起來了……

老夫竟然把華佗處死！

這是我一生中所做的最錯的一件事……

關公崇拜

　　關羽，字雲長，三國時期的名將。他紅面長鬚，手執大關刀，展現出勇武善謀、忠義雙全的形象，被後人尊為「武聖」。

　　關羽亦有文人儒雅的一面。據史書記載，關羽好讀《春秋》，在中國民間宗教的崇拜中，關羽有時會身穿儒生服飾，此時的他並非武將崇拜的戰神，而是「文關公」，自明代晚期開始便被文人奉為科舉考試的守護神。

　　至於商人也崇拜關公，視之為「武財神」。古時的商人常要出遠門做生意，因此希望關公保佑同行者忠誠老實，不謀財害命，另外亦提倡生意交易往來忠實，童叟無欺。

　　除此之外，中國佛教更奉關羽為「伽藍菩薩」。關羽可說是一位文武雙全的菩薩啊！

想一想

　　除了關羽外，你認為哪些歷史人物同樣值得後人敬拜？

第四十五回

水淹七軍

建安二十四年（公元219年）
鎮守荊州的關羽，率數萬水陸大
軍北伐曹軍……

啟稟關將軍！暴雨使山洪暴發，漢水水位上漲！

太好了！我等的就是這一刻！

傳令水軍準備攻擊！

漢水上漲，來勢異常迅速⋯⋯

于禁不熟當地氣候，屯兵於平地，大雨使漢水水位暴漲，一下子竟把曹軍軍營全淹沒了。

抓住我的手！

曹軍從北地而來，十之八九不懂水性，因此傷亡慘重。倖存者都衝往高地暫避洪水。

這時，關羽率領水軍乘着戰船來到，船上萬箭齊發，曹軍只有捱打的份兒，于禁很快就投降了。

龐德非常勇猛⋯⋯

他奪得一艘小船，想逃到樊城去，不料一個大浪把小船掀翻了。

龐德掉進水中，關羽水軍把他活捉回營。關羽勸他投降，龐德不肯，反而破口大罵⋯⋯

關羽一怒之下把他處斬，但誅殺俘虜是不對的。

關羽把于禁、龐德的援兵消滅後，就全力進攻樊城。

但樊城守將不降，關羽一時間也拿不下樊城。

這消息傳到吳國，孫權急召大將呂蒙商議。

劉備向我借荊州，卻一直不還，若他們再得一座樊城，對我吳國將是心腹大患……

呂卿家認為如何？

我認為應趁此機會奪回荊州！

但關羽屯有大軍留守荊州，我們只可智取……

官差大哥，我們這艘是商船，載的是貨，而乘客都是商人……

呂蒙率精兵穿上白衣，扮成商人，藏身於大船中，沿長江進入荊州突襲蜀軍，史稱「白衣渡江」。

官差大哥，你看，我們都是奉公守法的老實商人啊……

好吧，放行！

官差大哥！等一等！

又有什麼事？

現在天色已近黃昏，請容許我們靠岸歇宿一宵。

真麻煩，隨便吧！

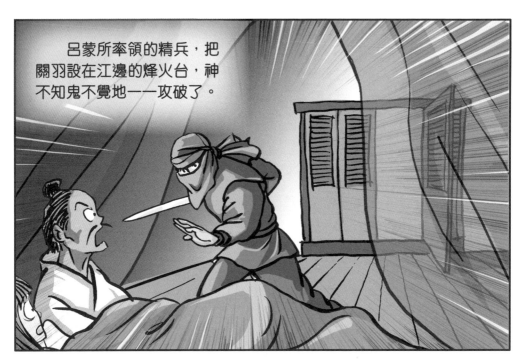

呂蒙所率領的精兵，把關羽設在江邊的烽火台，神不知鬼不覺地一一攻破了。

在荊州的蜀軍，沒有了烽火台的預警，毫無防備，結果讓吳國大軍長驅直入，奔往江陵。

這座城看來守不下去了！

糜芳
江陵守將

將軍！

哼，雖然我已盡力，但關羽總是對我不滿！

還揚言因供應軍需物資延誤而處罰我……

我決定向吳國奉上城池，俯首稱降！

在兵不血刃下，吳國大軍浩浩蕩蕩進城……

啊，天氣太熱了……

小子，借你的斗笠一用吧！

哼！你最好別這樣做！

好傢伙！竟敢反抗！你不要命了嗎?!

不要命的，恐怕是你！

怒

據史書記載，呂蒙要消除荊州人對吳國的敵對情緒……

所以嚴禁將士騷擾民間，一名將士就曾因拿了百姓一頂斗笠而被問斬！

呂蒙大人……

你竟敢強搶百姓財物?!

不是的!

剛才一陣怪風吹來,把我的斗笠吹到他的頭上而已!

哦?

那麼這次就算了！快把斗笠還給人家！

恩公，請……

呂蒙的懷柔政策十分奏效，江陵的人心漸漸安定下來。

當關羽知道江陵失陷後，又驚又怒……

看！關羽撤軍啦！快稟報將軍！

解圍啦！

太好了！

樊城

關羽在撤退途中，派使者向呂蒙傳話，責備他不該違反盟約，不講信義，攻佔荊州。

哈哈！關羽派你來對我説這些話？

呂蒙

劉備借了我們的荊州不還，又何來信義？

不過，我知道你們的家眷都在這裏……

你們大可放心，他們生活得很好。不信的話，你自己去看看。

使者走訪故地，只見在呂蒙管治下，吳軍紀律嚴明，江陵城內草木不驚。

關羽部下大多有親人在江陵，
聽到家人平安的消息，都喪失了
與吳軍決戰的鬥心。

後來，部隊竟自行潰散，士兵
偷偷離隊回家去，關羽勢孤力弱，
唯有退守麥城。

吳軍步步進逼，關羽假裝投降，
秘密撤退，出逃時只有十餘名親兵，
吳軍窮追不捨……

關羽雖然神勇，奈何寡不敵眾，終於被擒……

最後孫權下令將他斬首！

唉……一代戰神，真可惜啊！

別傷感了，我帶你們去看「七步成詩」吧！

歷史文化知多點

好學不倦的呂蒙

　　呂蒙出身寒微，幼時沒有讀書求學的機會。後來得到孫權的哥哥孫策賞識，成為軍中將領。

　　雖然呂蒙對敵時一馬當先，但遇着要上書陳述事情時，卻一籌莫展，只好找人代筆。孫權愛才，對呂蒙說：「你現在身居要職，掌握軍權，要增加學識，得找時間好好學習才行！」但呂蒙卻以軍務繁忙推託。

　　孫權說：「我難道要你精讀儒家經典，當個博士官嗎？我只希望你粗略閱讀，了解歷史。你說軍務繁忙，但能比得上我的繁多事務嗎？」呂蒙受教，於是開始讀書學習。幾年後，他的學識日益淵博，讓人刮目相看。

　　蔡遺和魯肅等將領，原本都因為呂蒙是武夫出身而輕視他，但呂蒙毫不介懷。當豫章太守顧邵逝世，呂蒙知人善任，向孫權推薦蔡遺繼任；魯肅與呂蒙商討軍政時，呂蒙的見解也令魯肅折服，他更稱讚呂蒙今非昔比。

想一想

你同意「知識改變命運」的說法嗎？

曹丕對曹植如此狠心，大概不是親生兄弟吧？

不，他們的確是親生兄弟啊！

不過，他們自小就為了權位而爭寵，故難有正常的兄弟情！

生在帝王家，也不是一件好事呢！

每次都降落錯誤！

嘭

有刺客！

沒錯！

咦！你就是幫助劉備跟我們作對的靈貓大師？

作對？你誤會了！

其實我們只是研究歷史的觀察員……

那是什麼？

別狡辯了，我親眼見過你們幫助劉備對抗我軍！

我們有時會出手，但只是參照歷史書而行事，絕對不敢改變歷史……

中國歷史

說來說去，到底有沒有「七步成詩」這齣戲看啊？

七步成詩有何難度？我也懂得呢！

啊久～

兄台文采出眾，曹植甘拜下風……

這首是唐朝詩人李白的《靜夜思》，你不要被他騙了！

唐朝？沒聽過這朝代，李白又是誰？

説來話長！

……

多管閒事的傢伙！

穿崩了！

你們別再打岔！曹植快快給我七步成詩！

111

曹丕老兄，你弟弟有我一半的文采！

這首詩恐怕你不明白，我來解釋一下吧！

豆是草本植物，會結莢果，可食用。

豆萁，指豆的莖，曬乾後可用作柴火。

用豆萁作柴火，煮釜（鍋）中的豆，這是比喻兄弟相殘！

哼！如此淺白的詩句，我豈會不明白？

朕也是一位滿腹經綸的飽學之士！

的確！曹丕也是一位詩人呢！

他與曹植及其父曹操，被後世合稱為「三曹」。

三人均有佳作傳世，但以曹植的文學成就最高。

真是「一門三傑」！

對！若曹操另一個兒子曹沖不是早逝，史上可能會有「四曹」。

吾弟曹沖的確是個神童……

曹沖五、六歲時已十分機智，後世流傳一個「曹沖秤象」的故事。

某年，孫權送給曹操一頭大象……

好傢伙，這大象果然是龐然大物！

究竟牠有多重？有辦法能秤一秤牠的重量嗎？

小小的曹沖忽然大叫一聲：「有辦法！」首先，他着人把象牽到船上，待船身穩定了，就在水平處用小刀刻一道記號。

然後他吩咐人們牽走大象，再把石頭放在船上，直至船下沉至與那道記號對齊的位置。

117

公元 220 年
魏國建立，東漢滅亡

公元 221 年
蜀漢建立

公元 224 年
波斯薩珊王朝堀起

119

你好啊！劉備！

很久沒見！

咦？諸葛亮呢？

他沒來，其實他不太同意在這個時候攻打吳國的！

啟稟皇上！吳國送來求和書……

呸！求和？孫權跪下來投降，我也不答應！我要的是他的首級，以慰關二弟在天之靈！

劉備好像有點意氣用事！

Ａ博士，你勸勸他接受和談吧！

他怒火中燒，勸不了的。

劉備率領大軍於猇亭駐紮，陣容鼎盛，連綿七百里……

為何有覺不睡，偏要此時跑到山上來？

因為有熱鬧看啊！

經過數月的拖延戰術後，蜀漢大軍逐漸鬆懈下來，於是吳國大將陸遜在夜裏發動偷襲……

兄弟們，把蜀營燒成火海吧！

這場戰役，俗稱「火燒連營七百里」，劉備幾乎全軍覆沒。

我去幫他！

等一等！歷史改不得！

皇上，快從這邊離開！

唉！我真悔恨當初不聽諸葛先生的勸告！

曹植與《洛神賦》

民間流傳曹丕和曹植為爭奪美人甄氏而兄弟不睦，甄氏左右為難，雖嫁給了曹丕，但最終鬱鬱而逝。曹植對佳人朝思暮想，在睡夢中看見甄氏出現在洛水上，拿着手帕半掩臉龐，神情憂鬱地與曹植對望，最後化作神仙升天。曹植為了紀念這段無法圓滿的愛情，便寫下《洛神賦》。

這個淒美的愛情故事，歷來都有人懷疑其真實性。甄氏被曹丕納為妾時為二十一歲，而曹植只有十二歲，從年紀來看，二人之間不大可能有戀情。另外，甄氏並不是憂鬱而終，而是因失寵和被曹丕新歡郭貴嬪進讒言而被賜死的。

《洛神賦》中的洛神，有説是暗喻曹丕。古時文人每逢失意，往往會在作品中懷念國君以示懷才不遇，就如蘇軾《前赤壁賦》的「望美人兮天一方」，美人便是代表國君。曹植以洛神比喻曹丕，是希望能被兄長重用，可惜事與願違。

想一想

中國文學有「文窮而後工」的説法，指文人越是不得志，越能寫出好的詩文，你認為兩者有關係嗎？

第四十七回

樂不思蜀

劉備突遭夜襲，被「火燒連營七百里」後，倉皇逃至白帝城……

他又悔又恨，心情十分鬱悶，後來便一病不起。

他急召諸葛亮前來交代身後事……

諸葛先生……我……我不行了……

望你盡心輔助劉禪，安邦定國……不過，若我那兒子不中用，先生可自取其位……

請皇上不必多慮！

臣自當盡心盡力扶助幼主，忠貞不二，死而後已！

劉備隨即下旨傳位給劉禪，吩咐他以後要待諸葛亮如父親一般。

劉備用說話把諸葛亮「套牢」，讓他心甘情願地輔助劉禪，就安心閉目去了。

高招！

數年後，蜀漢京師成都……

都成

129

公元227年，諸葛亮寫下《出師表》後，就親率大軍北伐。

加油！

別亂叫嚷了，歷史已證明諸葛亮無功而還！

是的，皆因他錯用一個人⋯⋯

馬謖*，我派你作前鋒，固守街亭城池。

勿讓曹軍越雷池半步！

遵命！

可惜，馬謖只是一個「紙上談兵」型的將領⋯⋯

劉備生前就批評他為「不可重用」！

* 謖，粵音叔。

結果，馬謖不按計劃守着城池，卻把大軍駐在山上，魏軍根本不用和他正面交戰，只截斷他的水源，蜀軍就不戰而潰。

由於馬謖的失誤，整個北伐行動受挫，無功而還。

諸葛亮雖然賞識馬謖，但為了嚴正軍紀，還是揮淚把他斬了。

真可憐！

以後你不聽號令，我就斬了你！

你敢?!

133

幸好沒燒着
我的衣服！

用這樣的表情看着我幹什麼？
我只是一時不小心而已！

對不
起……

唉，天意
如此，強
求不得。

不過打翻了一盞
油燈，再點過便
是了！

你懂什麼！本命燈一滅，法術就失靈，諸葛亮喪命於五丈原！

史書記載，諸葛亮的確病死於五丈原，至於點燈續命云云，是《三國演義》裏的故事，踢翻本命燈的是蜀將魏延⋯⋯

什麼？一隻烏龜搶去了我的戲份？

真是一塌糊塗！

闖禍了！快逃吧！

諸葛亮，歷史不可改變，蜀漢最終還是敗給魏國⋯⋯

你已盡力而為，問心無愧了！

對！我們也要走了，再見！

諸葛亮死後，蜀漢就滅亡了嗎？

也沒有那麼快，因為有天險阻隔的地理關係，蜀後主劉禪還過了一段安樂日子。

諸葛亮死後的二十九年，即公元263年，魏國終於出擊了！

魏軍主將鍾會統兵十二萬，兵分三路進攻蜀漢。

蜀漢大將姜維不敢與魏軍硬拼，
率主力大軍撤入劍閣，據險而守，阻
截了魏軍入蜀的要道。

魏軍一時束手無策，再加上糧食補給困難，
主帥鍾會一度有退軍的念頭。

所謂「蜀道之難，難於上青天」，
姜維守住了劍閣，以為可以安枕無憂，
卻忽略了一條陰平古道……

魏將鄧艾率領三萬精兵，繞過劍閣，
疾走陰平古道，以一個月時間穿越羣山，
翻過峻嶺，直衝蜀漢心臟地帶……

什麼？魏
軍已兵臨
城下？

劉禪

世界歷史
透視

公元 249 年

羅馬帝國第一次大規模迫害基督徒

劉禪真的不戰而降嗎？

史書說他「輿櫬自縛」*，打開城門率眾向鄧艾投降。

什麼叫「輿櫬自縛」？

所謂「輿櫬自縛」，就是將一口棺材放在車上，將自己綁起來跟在車後。意思是徹底投降，生死由對方決定！

* 櫬，粵音趁。

我任憑鄧將軍處置，請善待我的子民。

既然你誠意投降，我也不會難為你們。

鄧艾

鄧艾入城後，嚴格約束部下不得擾民，蜀漢百姓感激不已。

為了安撫人心，他沒讓劉禪作階下囚，還封他為驃騎將軍。

司馬昭

什麼？鄧艾有何權力冊封劉禪？

太過份了！

可是鄧艾此舉引起了魏國重臣司馬昭的疑心，他向攻蜀主將鍾會下了一道密令。

146

劉禪

你好，美女！

你們果然來探我，太好了！

是靈貓大師嗎？

是啊！司馬昭大人！

147

靈貓大師，在下司馬昭，請多多指教！

你自己已有打算，又何須我指教呢？

所謂司馬昭之心，路人皆知！

這句話是什麼意思？

即是他有謀朝篡位之心，而且人所共知！

哦！原來你想做皇帝！

噓！

不要說那麼大聲好不好，有點尷尬啊！

哈哈，那麼我就放心了！

時候不早，我先告辭了！

雖然是亡國之君，也不要太窩囊呀！

老兄你也有點過份吧？

對！主公乃漢高祖後代，可不能淪為別人笑柄！

他是誰？

跟隨劉禪來洛陽的大臣郤正*。

然則我該當如何？

* 郤，粵音隙。

主公應流着淚說，先人的墳墓在蜀地，雖然不能拜祭，但無時無刻也在想念着……

是這樣的表情嗎？

算了吧，你不要裝啦，反正別人一眼就看得出來！

不好意思！

其實，你主公寄人籬下，如此正是明哲保身之道！

事實上，你得享高壽，比司馬昭活得更久呢！

再見！我們也要走了！

不留下來跟我享樂一番才走嗎？

司馬昭死後，其子司馬炎就逼魏元帝「禪讓」帝位給他，稱為晉武帝。

十五年後（公元280年），晉滅吳，自此三國復歸統一，中國歷史進入「兩晉南北朝」時期。

唉，三國的英雄人物，竟然都為他人作嫁衣裳！

歷史文化知多點

馬謖的功過

七擒七縱孟獲

劉備病逝於白帝城，蜀中的少數民族豪強紛紛乘機叛變。諸葛亮認為必須先安內、後攘外，於是決定親自帶軍南征，平定西南。臨行前，參軍馬謖提出「攻心為上，攻城為下，心戰為上，兵戰為下」的戰略。馬謖是諸葛亮的親信，亦是蜀漢有威望的人才，諸葛亮接納其言，決定以德服人。

蜀軍渡過瀘水，與造反軍的首領孟獲大戰，成功俘虜他。孟獲不服輸，諸葛亮於是帶他參觀蜀軍軍營，孟獲卻只有一句評語：「現在我已知你軍虛實，若再一戰，我軍勝利可期。」諸葛亮為了讓孟獲甘心臣服，便將他放走再戰。如是者經過了「七擒七縱」，孟獲才心服口服，發誓不再叛亂。

諸葛亮巧用馬謖的戰略，對孟獲「七擒七縱」，成功利用孟獲的影響力來穩住南中，最終南中平定，民心歸向蜀漢。

揮淚斬馬謖

《三國志‧馬良傳》中有載，馬謖其人「才器過人，好論軍計」，而諸葛亮對馬謖亦十分信任，但劉備臨終前卻叮囑諸葛亮：「馬謖言過其實，不可大用，君其察之！」

曹丕駕崩後，諸葛亮認為這是出兵攻打魏國的好時機，於是任命馬謖為主帥，命他堅守街亭。但是，馬謖沒有遵從諸葛亮的吩咐，屯兵於街亭城內，反而命全軍上山去埋伏魏軍。魏軍知道後，便乾脆圍山截斷水源，使蜀軍不戰而敗。

事後，諸葛亮「揮淚斬馬謖」，在追悔用人不當之餘，也後悔沒聽劉備的話，正如《三國演義》中所云：「深恨己之不明，追思先帝之明。」

除了斬馬謖外，諸葛亮更上書後主劉禪，自貶三級，主動承擔街亭一役的主要責任。諸葛亮嚴以律己、執法嚴明和勇於承擔責任的精神，為後人所景仰。

想一想

你同意諸葛亮需要為街亭一役戰敗而負責嗎？如果領導者做錯決定卻不肯承擔責任，會有什麼後果？

重點大事

公元 184 年
張角創立太平道，
發動黃巾之亂。

公元 190 年
各地州郡長官起
兵討伐董卓。

公元 196 年
曹操迎接漢獻帝
到許都。

公元 229 年
吳國建立。

公元 222 年
夷陵之戰中，
吳將陸遜以火
攻擊敗蜀軍。

公元 263 年
魏滅蜀，蜀後主
劉禪投降後移居
魏都洛陽。

公元 234 年
諸葛亮攻魏，出師未捷，
死於五丈原。

公元 208 年
赤壁之戰，孫權、劉備擊敗曹操，奠定三國鼎立的局面。

公元 219 年
樊城之戰，關羽被殺，劉備失荊州。

公元 220 年
魏國建立，東漢滅亡。

公元 221 年
蜀漢建立。

公元 265 年
司馬炎篡魏，建立西晉。

公元 280 年
西晉滅吳，三國時代結束。

遠古時代
夏 （公元前 2070 年至公元前 1600 年）
商 （公元前 1600 年至公元前 1046 年）
西周 （公元前 1046 年至公元前 771 年）
春秋 （公元前 770 年至公元前 403 年）
戰國 （公元前 403 年至公元前 221 年）
秦 （公元前 221 年至公元前 206 年）
漢 （公元前 206 年至公元 220 年）
三國 （公元 220 年至 280 年）
西晉 （公元 266 年至 316 年）
東晉 （公元 317 年至 420 年）
南北朝 （公元 420 年至 589 年）
隋 （公元 581 年至 618 年）
唐 （公元 618 年至 907 年）
五代十國 （公元 907 年至 979 年）
北宋 （公元 960 年至 1127 年）
南宋 （公元 1127 年至 1279 年）
元 （公元 1279 年至 1368 年）
明 （公元 1368 年至 1644 年）
清 （公元 1644 年至 1912 年）

中國歷史大冒險 ⑦

三國爭霸

作　　者：方舒眉
繪　　圖：馬星原
責任編輯：陳志倩
美術設計：陳雅琳
出　　版：新雅文化事業有限公司
　　　　　香港英皇道 499 號北角工業大廈 18 樓
　　　　　電話：（852）2138 7998
　　　　　傳真：（852）2597 4003
　　　　　網址：http://www.sunya.com.hk
　　　　　電郵：marketing@sunya.com.hk
發　　行：香港聯合書刊物流有限公司
　　　　　香港新界大埔汀麗路 36 號中華商務印刷大廈 3 字樓
　　　　　電話：（852）2150 2100
　　　　　傳真：（852）2407 3062
　　　　　電郵：info@suplogistics.com.hk
印　　刷：Elite Company
　　　　　香港黃竹坑黃竹坑道65號志昌行中心25樓 D室
版　　次：二〇一九年十月初版
　　　　　二〇二三年一月第三次印刷

ISBN: 978-962-08-7372-0
© 2019 Sun Ya Publications (HK) Ltd.
18/F, North Point Industrial Building, 499 King's Road, Hong Kong
Published in Hong Kong SAR, China
Printed in China

鳴謝：
本書P.82圖片來自Pixabay (http://pixabay.com)